Gymnastics GOALBOOK

© Dream Co Publishing 2019. ISBN 978-0-9951255-1-3

Sports club bulk orders: orders@dreamcomedia.nz

Contents:

Info	page 1
Encouraging quotes	page 2
Yearly Training Goals	page 4
Training Goals	page 8
Competition Goals	page 64

Gymnastics Info:

Name: _____

Age: _____

Step/level: _____

Club: _____

Coach/es: _____

Favourite skill/s: _____

_____

Favourite apparatus/s: _____

_____

Favourite Olympic gymnast: _____

_____

Favourite leotard colour: _____

Inspirational words or quotes:

Inspirational words or quotes:

_____
_____
_____
_____
_____
_____
_____
_____
_____
_____
_____
_____
_____
_____
_____
_____

My Yearly Training Goals:

Date: _____

_____

_____

_____

_____

_____

_____

_____

_____

_____

_____

_____

_____

_____

_____

_____

 You can do it!

My Yearly Training Outcomes:

Date: _____

_____
_____
_____
_____
_____
_____
_____
_____
_____
_____
_____
_____
_____
_____

♡ *Go for gold!* ♡

My Yearly Training Goals:

Date: _____

_____
_____
_____
_____
_____
_____
_____
_____
_____
_____
_____
_____
_____
_____

 Dreams are possible.

My Yearly Training Outcomes:

Date: _____

_____
_____
_____
_____
_____
_____
_____
_____
_____
_____
_____
_____
_____
_____

♡ *Flipping out is fun!* ♡

My Training Goals:

Date: _____

VAULT: _____

_____

_____

BAR: _____

_____

_____

BEAM: _____

_____

_____

FLOOR: _____

_____

_____

COMMENTS: _____

_____

_____

 Don't give up!

My Training Outcomes:

Date: _____

VAULT: _____

_____

_____

BAR: _____

_____

_____

BEAM: _____

_____

_____

FLOOR: _____

_____

_____

COMMENTS: _____

_____

_____

 Train like a champion.

My Training Goals:

Date: _____

VAULT: _____

_____

_____

BAR: _____

_____

_____

BEAM: _____

_____

_____

FLOOR: _____

_____

_____

COMMENTS: _____

_____

_____

  Aim high!

My Training Outcomes:

Date: _____

VAULT: _____
_____
_____

BAR: _____
_____
_____

BEAM: _____
_____
_____

FLOOR: _____
_____
_____

COMMENTS: _____
_____
_____

 You're a star!

My Training Goals:

Date: _____

VAULT: _____

_____

_____

BAR: _____

_____

_____

BEAM: _____

_____

_____

FLOOR: _____

_____

_____

COMMENTS: _____

_____

_____

 If you don't try – you won't know what you're actually capable of.

My Training Outcomes:

Date: _____

VAULT: _____

_____

_____

BAR: _____

_____

_____

BEAM: _____

_____

_____

FLOOR: _____

_____

_____

COMMENTS: _____

_____

_____

 You got this!

My Training Goals:

Date: _____

VAULT: _____

_____

_____

BAR: _____

_____

_____

BEAM: _____

_____

_____

FLOOR: _____

_____

_____

COMMENTS: _____

_____

_____

 You're amazing.

My Training Outcomes:

Date: _____

VAULT: _____

_____

_____

BAR: _____

_____

_____

BEAM: _____

_____

_____

FLOOR: _____

_____

_____

COMMENTS: _____

_____

_____

♡ *Believe – achieve.* ♡

My Training Goals:

Date: _____

VAULT: _____

_____

_____

BAR: _____

_____

_____

BEAM: _____

_____

_____

FLOOR: _____

_____

_____

COMMENTS: _____

_____

_____

 ...it's a gymnast thing.

My Training Outcomes:

Date: _____

VAULT: _____
_____
_____

BAR: _____
_____
_____

BEAM: _____
_____
_____

FLOOR: _____
_____
_____

COMMENTS: _____
_____
_____

 Be flexible, be strong. And smile!

My Training Goals:

Date: _____

VAULT: _____

_____

_____

BAR: _____

_____

_____

BEAM: _____

_____

_____

FLOOR: _____

_____

_____

COMMENTS: _____

_____

_____

 You can do it!

My Training Outcomes:

Date: _____

VAULT: _____

_____

_____

BAR: _____

_____

_____

BEAM: _____

_____

_____

FLOOR: _____

_____

_____

COMMENTS: _____

_____

_____

♡ *Go for gold!* ♡

My Training Goals:

Date: _____

VAULT: _____

_____

_____

BAR: _____

_____

_____

BEAM: _____

_____

_____

FLOOR: _____

_____

_____

COMMENTS: _____

_____

_____

 Dreams are possible.

My Training Outcomes:

Date: _____

VAULT: _____

_____

_____

BAR: _____

_____

_____

BEAM: _____

_____

_____

FLOOR: _____

_____

_____

COMMENTS: _____

_____

_____

 Flipping out is fun! ♡

My Training Goals:

Date: _____

VAULT: _____

_____

_____

BAR: _____

_____

_____

BEAM: _____

_____

_____

FLOOR: _____

_____

_____

COMMENTS: _____

_____

_____

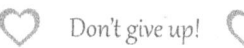 *Don't give up!*

My Training Outcomes:

Date: _____

VAULT: _____
_____
_____

BAR: _____
_____
_____

BEAM: _____
_____
_____

FLOOR: _____
_____
_____

COMMENTS: _____
_____
_____

 Train like a champion.

My Training Goals:

Date: _____

VAULT: _____
_____
_____

BAR: _____
_____
_____

BEAM: _____
_____
_____

FLOOR: _____
_____
_____

COMMENTS: _____
_____
_____

♡   *Aim high!*   ♡

My Training Outcomes:

Date: _____

VAULT: _____
_____
_____

BAR: _____
_____
_____

BEAM: _____
_____
_____

FLOOR: _____
_____
_____

COMMENTS: _____
_____
_____

 You're a star!

My Training Goals:

Date: _____

VAULT: _____

_____

_____

BAR: _____

_____

_____

BEAM: _____

_____

_____

FLOOR: _____

_____

_____

COMMENTS: _____

_____

_____

 Split leaps count as flying.

My Training Outcomes:

Date: _____

VAULT: _____

_____

_____

BAR: _____

_____

_____

BEAM: _____

_____

_____

FLOOR: _____

_____

_____

COMMENTS: _____

_____

_____

♡ I love gymnastics! ♡

My Training Goals:

Date: _____

VAULT: _____

_____

_____

BAR: _____

_____

_____

BEAM: _____

_____

_____

FLOOR: _____

_____

_____

COMMENTS: _____

_____

_____

 If you don't try — you won't know what you're actually capable of.

My Training Outcomes:

Date: _____

VAULT: _____

_____

_____

BAR: _____

_____

_____

BEAM: _____

_____

_____

FLOOR: _____

_____

_____

COMMENTS: _____

_____

_____

 You got this!

My Training Goals:

Date: _____

VAULT: _____

_____

_____

BAR: _____

_____

_____

BEAM: _____

_____

_____

FLOOR: _____

_____

_____

COMMENTS: _____

_____

_____

 The awesome four - vault, bars, beam and floor!

My Training Outcomes:

Date: _____

VAULT: _____
_____
_____

BAR: _____
_____
_____

BEAM: _____
_____
_____

FLOOR: _____
_____
_____

COMMENTS: _____
_____
_____

 Don't forget to have fun.

My Training Goals:

Date: _____

VAULT: _____

_____

_____

BAR: _____

_____

_____

BEAM: _____

_____

_____

FLOOR: _____

_____

_____

COMMENTS: _____

_____

_____

Run towards a challenge, not away from it.

My Training Outcomes:

Date: _____

VAULT: _____

_____

_____

BAR: _____

_____

_____

BEAM: _____

_____

_____

FLOOR: _____

_____

_____

COMMENTS: _____

_____

_____

 Split like a banana.

My Training Goals:

Date: _____

VAULT: _____

_____

_____

BAR: _____

_____

_____

BEAM: _____

_____

_____

FLOOR: _____

_____

_____

COMMENTS: _____

_____

_____

 You're amazing.

My Training Outcomes:

Date: _____

VAULT: _____
_____
_____

BAR: _____
_____
_____

BEAM: _____
_____
_____

FLOOR: _____
_____
_____

COMMENTS: _____
_____
_____

 Believe – achieve. ♡

My Training Goals:

Date: _____

VAULT: _____

_____

_____

BAR: _____

_____

_____

BEAM: _____

_____

_____

FLOOR: _____

_____

_____

COMMENTS: _____

_____

_____

 ...it's a gymnast thing.

My Training Outcomes:

Date: _____

VAULT: _____

_____

_____

BAR: _____

_____

_____

BEAM: _____

_____

_____

FLOOR: _____

_____

_____

COMMENTS: _____

_____

_____

 Be flexible, be strong. And smile!

My Training Goals:

Date: _____

VAULT: _____

_____

_____

BAR: _____

_____

_____

BEAM: _____

_____

_____

FLOOR: _____

_____

_____

COMMENTS: _____

_____

_____

♡ *You can do it!* ♡

My Training Outcomes:

Date: _____

VAULT: _____
_____
_____

BAR: _____
_____
_____

BEAM: _____
_____
_____

FLOOR: _____
_____
_____

COMMENTS: _____
_____
_____

♡ *Go for gold!* ♡

My Training Goals:

Date: _____

VAULT: _____

_____

_____

BAR: _____

_____

_____

BEAM: _____

_____

_____

FLOOR: _____

_____

_____

COMMENTS: _____

_____

_____

 Dreams are possible.

My Training Outcomes:

Date: _____

VAULT: _____
_____
_____

BAR: _____
_____
_____

BEAM: _____
_____
_____

FLOOR: _____
_____
_____

COMMENTS: _____
_____
_____

 Flipping out is fun!

My Training Goals:

Date: _____

VAULT: _____

_____

_____

BAR: _____

_____

_____

BEAM: _____

_____

_____

FLOOR: _____

_____

_____

COMMENTS: _____

_____

_____

 Don't give up!

My Training Outcomes:

Date: _____

VAULT: _____
_____
_____

BAR: _____
_____
_____

BEAM: _____
_____
_____

FLOOR: _____
_____
_____

COMMENTS: _____
_____
_____

 Train like a champion.

My Training Goals:

Date: _____

VAULT: _____

_____

_____

BAR: _____

_____

_____

BEAM: _____

_____

_____

FLOOR: _____

_____

_____

COMMENTS: _____

_____

_____

 Aim high!

My Training Outcomes:

Date: _____

VAULT: _____
_____
_____

BAR: _____
_____
_____

BEAM: _____
_____
_____

FLOOR: _____
_____
_____

COMMENTS: _____
_____
_____

 You're a star!

My Training Goals:

Date: _____

VAULT: _____

_____

_____

BAR: _____

_____

_____

BEAM: _____

_____

_____

FLOOR: _____

_____

_____

COMMENTS: _____

_____

_____

 Split leaps count as flying.

My Training Outcomes:

Date: _____

VAULT: _____
_____
_____

BAR: _____
_____
_____

BEAM: _____
_____
_____

FLOOR: _____
_____
_____

COMMENTS: _____
_____
_____

 I love gymnastics!

My Training Goals:

Date: _____

VAULT: _____
_____
_____

BAR: _____
_____
_____

BEAM: _____
_____
_____

FLOOR: _____
_____
_____

COMMENTS: _____
_____
_____

 If you don't try – you won't know what you're actually capable of.

My Training Outcomes:

Date: _____

VAULT: _____

_____

_____

BAR: _____

_____

_____

BEAM: _____

_____

_____

FLOOR: _____

_____

_____

COMMENTS: _____

_____

_____

 You got this!

My Training Goals:

Date: _____

VAULT: _____

_____

_____

BAR: _____

_____

_____

BEAM: _____

_____

_____

FLOOR: _____

_____

_____

COMMENTS: _____

_____

_____

 The awesome four - vault, bars, beam and floor!

My Training Outcomes:

Date: _____

VAULT: _____
_____
_____

BAR: _____
_____
_____

BEAM: _____
_____
_____

FLOOR: _____
_____
_____

COMMENTS: _____
_____
_____

 Don't forget to have fun.

My Training Goals:

Date: _____

VAULT: _____

_____

_____

BAR: _____

_____

_____

BEAM: _____

_____

_____

FLOOR: _____

_____

_____

COMMENTS: _____

_____

_____

   Run towards a challenge, not away from it.

My Training Outcomes:

Date: _____

VAULT: _____

_____

_____

BAR: _____

_____

_____

BEAM: _____

_____

_____

FLOOR: _____

_____

_____

COMMENTS: _____

_____

_____

 Split like a banana.

My Training Goals:

Date: _____

VAULT: _____

_____

_____

BAR: _____

_____

_____

BEAM: _____

_____

_____

FLOOR: _____

_____

_____

COMMENTS: _____

_____

_____

♡ You're amazing. ♡

My Training Outcomes:

Date: _____

VAULT: _____

_____

_____

BAR: _____

_____

_____

BEAM: _____

_____

_____

FLOOR: _____

_____

_____

COMMENTS: _____

_____

_____

 Believe – achieve.

My Training Goals:

Date: _____

VAULT: _____

_____

_____

BAR: _____

_____

_____

BEAM: _____

_____

_____

FLOOR: _____

_____

_____

COMMENTS: _____

_____

_____

 ...it's a gymnast thing.

My Training Outcomes:

Date: _____

VAULT: _____

_____

_____

BAR: _____

_____

_____

BEAM: _____

_____

_____

FLOOR: _____

_____

_____

COMMENTS: _____

_____

_____

 Be flexible, be strong. And smile!

My Training Goals:

Date: _____

VAULT: _____

_____

_____

BAR: _____

_____

_____

BEAM: _____

_____

_____

FLOOR: _____

_____

_____

COMMENTS: _____

_____

_____

My Training Outcomes:

Date: _____

VAULT: _____
_____
_____

BAR: _____
_____
_____

BEAM: _____
_____
_____

FLOOR: _____
_____
_____

COMMENTS: _____
_____
_____

 Go for gold!

My Training Goals:

Date: _____

VAULT: _____

_____

_____

BAR: _____

_____

_____

BEAM: _____

_____

_____

FLOOR: _____

_____

_____

COMMENTS: _____

_____

_____

  Dreams are possible.

My Training Outcomes:

Date: _____

VAULT: _____
_____
_____

BAR: _____
_____
_____

BEAM: _____
_____
_____

FLOOR: _____
_____
_____

COMMENTS: _____
_____
_____

 Flipping out is fun!

My Training Goals:

Date: _____

VAULT: _____

_____

_____

BAR: _____

_____

_____

BEAM: _____

_____

_____

FLOOR: _____

_____

_____

COMMENTS: _____

_____

_____

 Don't give up!

My Training Outcomes:

Date: _____

VAULT: _____
_____
_____

BAR: _____
_____
_____

BEAM: _____
_____
_____

FLOOR: _____
_____
_____

COMMENTS: _____
_____
_____

 Train like a champion.

My Competition Goals:

Date: _____

Competition name: _____

VAULT: _____

_____

_____

BAR: _____

_____

_____

BEAM: _____

_____

_____

FLOOR: _____

_____

_____

COMMENTS: _____

_____

 Split leaps count as flying.

My Competition Achievements:

Date: _____

Competition name: _____

VAULT: _____

_____

_____

BAR: _____

_____

_____

BEAM: _____

_____

_____

FLOOR: _____

_____

_____

COMMENTS: _____

_____

 I love gymnastics!

My Competition Goals:

Date: _____

Competition name: _____

VAULT: _____

_____

_____

BAR: _____

_____

_____

BEAM: _____

_____

_____

FLOOR: _____

_____

_____

COMMENTS: _____

_____

 If you don't try – you won't know what you're actually capable of.

My Competition Achievements:

Date: _____

Competition name: _____

VAULT: _____

_____

_____

BAR: _____

_____

_____

BEAM: _____

_____

_____

FLOOR: _____

_____

_____

COMMENTS: _____

_____

 You got this!

My Competition Goals:

Date: _____

Competition name: _____

VAULT: _____

_____

_____

BAR: _____

_____

_____

BEAM: _____

_____

_____

FLOOR: _____

_____

_____

COMMENTS: _____

_____

 The awesome four - vault, bars, beam and floor!

My Competition Achievements:

Date: _____

Competition name: _____

VAULT: _____

_____

_____

BAR: _____

_____

_____

BEAM: _____

_____

_____

FLOOR: _____

_____

_____

COMMENTS: _____

_____

 Don't forget to have fun.

My Competition Goals:

Date: _____

Competition name: _____

VAULT: _____

_____

_____

BAR: _____

_____

_____

BEAM: _____

_____

_____

FLOOR: _____

_____

_____

COMMENTS: _____

_____

 Run towards a challenge, not away from it.

My Competition Achievements:

Date: _____

Competition name: _____

VAULT: _____

_____

_____

BAR: _____

_____

_____

BEAM: _____

_____

_____

FLOOR: _____

_____

_____

COMMENTS: _____

_____

 Split like a banana.

My Competition Goals:

Date: _____

Competition name: _____

VAULT: _____
_____
_____

BAR: _____
_____
_____

BEAM: _____
_____
_____

FLOOR: _____
_____
_____

COMMENTS: _____
_____

♡ You're amazing. ♡

My Competition Achievements:

Date: _____

Competition name: _____

VAULT: _____
_____
_____

BAR: _____
_____
_____

BEAM: _____
_____
_____

FLOOR: _____
_____
_____

COMMENTS: _____
_____

 Believe -- achieve.

My Competition Goals:

Date: _____

Competition name: _____

VAULT: _____
_____
_____

BAR: _____
_____
_____

BEAM: _____
_____
_____

FLOOR: _____
_____
_____

COMMENTS: _____
_____

 ...it's a gymnast thing.

My Competition Achievements:

Date: _____

Competition name: _____

VAULT: _____
_____
_____

BAR: _____
_____
_____

BEAM: _____
_____
_____

FLOOR: _____
_____
_____

COMMENTS: _____
_____

 Be flexible, be strong. And smile!

My Competition Goals:

Date: _____

Competition name: _____

VAULT: _____
_____
_____

BAR: _____
_____
_____

BEAM: _____
_____
_____

FLOOR: _____
_____
_____

COMMENTS: _____
_____

 You can do it!

My Competition Achievements:

Date: _____

Competition name: _____

VAULT: _____
_____
_____

BAR: _____
_____
_____

BEAM: _____
_____
_____

FLOOR: _____
_____
_____

COMMENTS: _____
_____

 Go for gold!

My Competition Goals:

Date: _____

Competition name: _____

VAULT: _____

_____

_____

BAR: _____

_____

_____

BEAM: _____

_____

_____

FLOOR: _____

_____

_____

COMMENTS: _____

_____

 Dreams are possible.

My Competition Achievements:

Date: _____

Competition name: _____

VAULT: _____

_____

_____

BAR: _____

_____

_____

BEAM: _____

_____

_____

FLOOR: _____

_____

_____

COMMENTS: _____

_____

 Flipping out is fun!

My Competition Goals:

Date: _____

Competition name: _____

VAULT: _____

_____

_____

BAR: _____

_____

_____

BEAM: _____

_____

_____

FLOOR: _____

_____

_____

COMMENTS: _____

_____

 Don't give up!

My Competition Achievements:

Date: _____

Competition name: _____

VAULT: _____

_____

_____

BAR: _____

_____

_____

BEAM: _____

_____

_____

FLOOR: _____

_____

_____

COMMENTS: _____

_____

♡ *Train like a champion.* ♡

My Competition Goals:

Date: _____

Competition name: _____

VAULT: _____

_____

_____

BAR: _____

_____

_____

BEAM: _____

_____

_____

FLOOR: _____

_____

_____

COMMENTS: _____

_____

   Aim high!

My Competition Achievements:

Date: _____

Competition name: _____

VAULT: _____
_____
_____

BAR: _____
_____
_____

BEAM: _____
_____
_____

FLOOR: _____
_____
_____

COMMENTS: _____
_____

 You're a star!

My Competition Goals:

Date: _____

Competition name: _____

VAULT: _____

_____

_____

BAR: _____

_____

_____

BEAM: _____

_____

_____

FLOOR: _____

_____

_____

COMMENTS: _____

_____

♡ *Split leaps count as flying.* ♡

My Competition Achievements:

Date: _____

Competition name: _____

VAULT: _____

_____

_____

BAR: _____

_____

_____

BEAM: _____

_____

_____

FLOOR: _____

_____

_____

COMMENTS: _____

_____

 I love gymnastics!

My Competition Goals:

Date: _____

Competition name: _____

VAULT: _____
_____
_____

BAR: _____
_____
_____

BEAM: _____
_____
_____

FLOOR: _____
_____
_____

COMMENTS: _____
_____

 If you don't try – you won't know what you're actually capable of.

My Competition Achievements:

Date: _____

Competition name: _____

VAULT: _____
_____
_____

BAR: _____
_____
_____

BEAM: _____
_____
_____

FLOOR: _____
_____
_____

COMMENTS: _____
_____

♡ *You got this!* ♡

My Competition Goals:

Date: _____

Competition name: _____

VAULT: _____
_____
_____

BAR: _____
_____
_____

BEAM: _____
_____
_____

FLOOR: _____
_____
_____

COMMENTS: _____
_____

 Aim high!

My Competition Achievements:

Date: _____

Competition name: _____

VAULT: _____
_____
_____

BAR: _____
_____
_____

BEAM: _____
_____
_____

FLOOR: _____
_____
_____

COMMENTS: _____
_____

 You're a star!

My Competition Goals:

Date: _____

Competition name: _____

VAULT: _____

_____

_____

BAR: _____

_____

_____

BEAM: _____

_____

_____

FLOOR: _____

_____

_____

COMMENTS: _____

_____

 Split leaps count as flying.

My Competition Achievements:

Date: _____

Competition name: _____

VAULT: _____
_____
_____

BAR: _____
_____
_____

BEAM: _____
_____
_____

FLOOR: _____
_____
_____

COMMENTS: _____
_____

 I love gymnastics!

My Competition Goals:

Date: _____

Competition name: _____

VAULT: _____

_____

_____

BAR: _____

_____

_____

BEAM: _____

_____

_____

FLOOR: _____

_____

_____

COMMENTS: _____

_____

 The awesome four - vault, bars, beam and floor!

My Competition Achievements:

Date: _____

Competition name: _____

VAULT: _____

_____

_____

BAR: _____

_____

_____

BEAM: _____

_____

_____

FLOOR: _____

_____

_____

COMMENTS: _____

_____

 Don't forget to have fun. ♡

My Competition Goals:

Date: _____

Competition name: _____

VAULT: _____
_____
_____

BAR: _____
_____
_____

BEAM: _____
_____
_____

FLOOR: _____
_____
_____

COMMENTS: _____
_____

 Run towards a challenge, not away from it.

My Competition Achievements:

Date: _____

Competition name: _____

VAULT: _____

_____

_____

BAR: _____

_____

_____

BEAM: _____

_____

_____

FLOOR: _____

_____

_____

COMMENTS: _____

_____

 Split like a banana.

Extra notes & drawing space

www.ingramcontent.com/pod-product-compliance
Lightning Source LLC
Chambersburg PA
CBHW070436010526
44118CB00014B/2072